# Ama Fleud-Floyd

# Théorie Générale de la Relativité Psychique

***

Livre 6

***

## Doctrine de la Psychologie

***

***

# Doctrine

## de

## l'âge d'or de l'Humanité

***

À Dieu, à mes parents et au monde

***

 À mes parents bien-aimés -
Ils m'ont montré le modèle éternel de l'humanité.

***

***

"Et le plus grand d'entre eux est l'Amour"

***

***

***

***

Ici commence comme la dernière de
toutes les sciences la science de la psyché.

***

***

# Préface

***

***

La vraie science commence par une définition de l'objet de ses études.  La pseudoscience donne une histoire, plus ou moins intéressante, mais sans définition.

Il existe des millions de livres et d'ouvrages traitant de la psyché et de ses troubles.  Avez-vous déjà rencontré dans l'un d'entre eux une définition de la psyché?  Une définition valable partout dans le monde?

Le reste est le silence?

Décidez, après avoir lu tous les livres de cet ouvrage.

***

***

Définition

La Psyché est un processus d'échange symbolique actuel entre le sujet de la psyché et son environnement actuel (définition subjective).

La Psyché est un processus d'échange symbolique courant entre deux sujets de la psyché (définition objective).

***

***

***

1.

Dans mon travail, j'explique cette définition.  Ma définition de la psyché la définit comme un phénomène dynamique.  Pas statique car la psyché a été comprise et décrite jusqu'à maintenant.


2.

En d'autres termes, toutes les descriptions statiques de la psyché ne sont que des métaphores.  Cela signifie qu'en réalité tout le langage psychologique de jusqu'à présent, à commencer par les œuvres de Freud et des millions de livres d'autres auteurs, doit être considéré comme une sorte de poésie et non, bien sûr, comme une écriture scientifique! Cependant, il a été compris jusqu'à présent littéralement!  Et d'une telle manière une fausse science a induit en erreur la civilisation et des millions de personnes souffrantes.

3.

En attendant, il est absurde qu'une déclaration aussi évidente pour tout le monde ressemble à une grande découverte que la psyché n'est pas un objet observable.  Après tout, personne ne l'a jamais vu!  Nous ne pouvons donc ni l'observer, ni le décrire comme un objet.

4

Cette absurde est plus absurde que la situation avant Copernic concernant l'observation commune évidente que le Soleil se déplaçait dans le ciel.  Tout le monde pouvait le voir de ses propres yeux.

Et encore Copernic était le seul à remettre en question cette observation commune.

5.

En fait, c'était la déclaration de Copernic qui était absurde!  D'une certaine manière, étant contradictoire avec le fait observable, la déclaration de Copernic a été d'une manière justifiée rejetée par la science de l'époque.  La science avant lui avait une preuve observable de ce qui bougeait et de ce qui ne bougeait pas.  Pourtant, la preuve finale ne pouvait obtenir que ceux d'entre nous qui pouvaient voir la Terre depuis l'espace cosmique.  Cela signifie que l'observation, étant la base de toute science, n'est cependant pas suffisante pour être

décisive.  Le point de vue de l'observation
est déterminant.


II

1.

 La surface de la Terre était un mauvais
point de vue pour décider si le Soleil se
déplaçait autour de la Terre ou était-ce
l'inverse.  Mais jusqu'au XXe siècle, c'était
le seul point de vue accessible, donc
jusqu'aux voyages cosmiques l'observation
que le Soleil se déplace autour de la Terre
était totalement justifiable.


2.

Avec mon travail je veux montrer que dans le cas de la psyché c'est aussi la question du point de vue.

## 3.

Jusqu'à présent, la psychologie était fondée sur le point de vue statique de la psyché.  La psyché a été décrite par Freud, le fondateur de la psychologie du XXe siècle, comme un objet statique.  Il a été divisé par lui d'une manière typiquement statique en portions, comme: «moi», «surmoi», «ça», «conscience», «subconscience».  C'était une sorte de monde magique avec ses structures statiques énigmatiques, un monde d'objets totalement étrangers à la vie quotidienne des gens.  Et de là, la nécessité d'un traducteur qu'un psychothérapeute est censé être.  Il est supposé par un client que le psychothérapeute connaît le monde énigmatique de la psyché et sera capable de le décrire dans un langage compris par tout le monde.

4.

 Cette approche ressemble beaucoup à la façon dont les groupes spirituels fonctionnent.  Tant dans le cas de la psychologie de jusqu'ici que dans le cas des groupes spirituels, il y a un groupe de personnes qui «connaissent» la connaissance «sacrée» respectivement de la psyché et du monde spirituel et il y a le reste des gens qui savent  rien ou en savoir autant que ceux qui «savent» leur diront.  Deux mondes: sacrum (le monde auquel seuls ceux qui savent ont accès) et profanum (les clients de ceux qui savent).

5.

En fait, quelle est cette connaissance «sacrée» de la psychologie jusqu'à présent?

C'est une histoire inventée et toujours réinventée sur le sacrum - un monde énigmatique de la psyché, où rien n'est certain, tout est possible, et le rôle le plus important est joué par ceux qui «savent» raconter une histoire à un client  la psyché.

III

1.

 Les plus grands conteurs de la psychologie jusqu'à présent, comme Freud, étaient ceux dont les histoires étaient les plus originales et ... étranges.  Pourquoi étrange?  Parce que le «sacrum» ne peut pas être aussi banal que le «profanum», s'il doit être clairement séparé l'un de l'autre.  Sans cette séparation, il n'y aurait pas besoin de ceux qui «savent».  Ceci explique pourquoi la «psychologie» de jusqu'ici n'est pas encore devenue une science.

2.

 La science est un destructeur du sacrum, parce que la science découvre les lois pour comprendre le monde.  Et le monde régi par les lois n'est plus énigmatique.  De cette façon, le sacrum devient le profanum.  En conséquence, ceux qui «savent» sont superflus.  Connaître les lois de la Nature et utiliser la pensée logique est suffisant pour avancer dans le monde profanum.  Tout le monde peut le faire.

3.

C'est pourquoi ceux qui «savent» dans la «psychologie» de jusqu'ici sont les derniers à essayer d'établir et de vulgariser les lois régissant la psyché (s'ils les découvrent).  Un jour, où la psyché deviendra la science, sera leur dernier jour.  Ils combattront cependant avant toute tentative réelle de faire de la psychologie la science.

4.

Quand il s'agit de la psyché, chacun de sa propre expérience accepte le fait qu'elle existe.  La question est seulement que personne ne pourrait jamais le voir avec les yeux comme un objet observable.  Néanmoins tout le monde accepte ses descriptions métaphoriques comme s'il s'agissait de celles d'un objet observable. Pourquoi?

5.

Parce que jusqu'à présent, les gens n'avaient pas le choix!  La même chose que jusqu'à Copernic.  Il n'y avait pas d'alternative.  Les gens croient en ce que les auteurs écrivent.  Vous obtenez entre vos mains l'alternative à la description de la psyché de jusqu'ici.

IV

1.

Alors, que pouvons-nous dire sur la psyché?  Scientifiquement parlant, c'est seulement ce qui peut être observé.  Bien sûr, comme le montre l'exemple de

Copernic, l'observation en elle-même n'est pas une garantie que ce que nous voyons est ce que nous voyons.  Mais dans le cas de la psyché, c'est juste l'inverse du cas de Copernic.  Parce que l'observation de jusqu'ici ne voit rien!

2.

Jusqu'aux voyages cosmiques, la procédure scientifique basée sur l'observation, qui est la condition sine qua non de la vraie science, ne pouvait accepter les calculs de Copernic.  Même si mathématiquement parlant, ils semblaient corrects et plausibles.  En d'autres termes, Copernic, 400 ans avant l'observation faite du point de vue de l'espace cosmique, a donné des arguments mathématiques que l'observation faite du point de vue de la surface de la Terre était fausse.

3.

Mon rôle dans l'histoire de l'exploration de la psyché est l'inverse du rôle joué par Copernic dans l'exploration du cosmos.

4.

À savoir, Copernic avec des arguments mathématiques a prouvé que la description de l'observation du mouvement du Soleil sur le ciel n'était qu'une apparence du vrai.  Et l'erreur de cette fausse observation consistait en un mauvais point de vue sur l'observation du mouvement du Soleil.

5.

 Moi, à mon tour, avec mes logiques, ma biologie, ma physique, ma chimie et mes arguments évolutionnistes, j'essaye de prouver que la description de la psyché en vigueur basée sur aucune observation n'est également qu'une apparence du vrai. Une apparence qui est la même inventée qu'avant Copernic.

V

1.

Une chose saute cependant aux yeux.  Il y a 2000, 1000 et 400 ans, les gens semblaient être de meilleurs penseurs que les gens d'aujourd'hui!  Pourquoi?

Ces peuples anciens, même s'ils se trompent dans leur description du mouvement solaire, sont excusés par l'argument de l'observation en leur faveur.

Les gens du XXe siècle, quant à eux, croient en une description de la psyché basée sur l'argument de l'absence d'observation ...

2.
Mon rôle dans ce tournant de l'exploration de la psyché est d'arrêter

l'ère des descriptions de la psyché sans observation.  Afin de rendre cette observation possible, j'ai dû chercher une possibilité d'observer la psyché.  Et cette possibilité pourrait être trouvée, mais pas là où des millions et des millions de personnes ne l'ont pas trouvée avant moi.  Il ne pouvait pas être trouvé dans la dimension statique de la réalité.

3.

Ma percée copernicienne a été de faire passer mon point de vue de l'observation psyché de la dimension statique de la réalité à la dimension dynamique.  Et cet acte a fait toute la différence.  J'ai enfin pu observer et définir ce qu'est la psyché.  Définition de la psyché en main, je pourrais commencer la science de la psyché.

4.

Et ce qui peut être observé est un phénomène dynamique.  Le processus dynamique!

Ce processus dynamique que j'appelle dans ma définition de la psyché - l'échange symbolique actuel!  Cela signifie qu'il n'est pas possible de parler de la psyché d'une personne.  Ça n'existe pas.  Ce qui existe n'est que la psyché en tant qu'échange symbolique momentané.  Cela signifie que la psyché d'une personne est une séquence d'échanges symboliques momentanés infiniment petits, de même que la lumière est la séquence de fotons infiniment petits de lumière.

 Pour cette raison, la psyché en tant que processus peut être perturbée, mais, bien sûr, ne peut pas être malade (!) Et pour cette raison (pas la seule) le titre de ce travail est:

 «Théorie générale de la relativité de la psyché».

 5.

 (Bien sûr, vous trouverez encore dans cette œuvre des expressions rappelant l'époque des descriptions de psyché statique (deux pôles, espace inter-polaire, ...).

Je ne pouvais cependant pas commencer à écrire sur la psyché en utilisant un langage que vous ne comprenez pas, mon cher lecteur, dès les premières pages. Pour une raison très simple: personne avant moi n'a écrit sur la psyché comme sur un phénomène dynamique, comme la lumière ou le temps.

Vous vous demandez peut-être pourquoi je suis le seul à traiter la psyché comme un phénomène et non comme un objet. La réponse est simple. Parce que je n'ai jamais vu la psyché et que je n'ai jamais entendu personne. Pourtant, ça existe! La conclusion en est une: c'est un phénomène dynamique.)

# Doctrine

1.

Dans un système dans lequel un enseignant est un "spécialiste" de l'éducation des enfants et les parents ne sont que des clients passifs, les parents comprennent la situation de l'enfant telle qu'elle est diagnostiquée par un enseignant ou un éducateur scolaire.  Cela veut dire un seul, l'enfant est considéré par tous comme stupide.  C'est au mieux.

2.

Un enseignant trop zélé ou un tel conseiller scolaire, ou un parent demandera toujours l'avis d'un psychologue pour enfants et maintenant l'enfant sera sans aucun doute diagnostiqué comme ayant un problème scolaire.  Après cela, il suffit d'un petit pas pour qu'un enfant, comme une bagarre à l'école ou quelque chose du genre, soit envoyé à l'observation psychiatrique.  Et ici l'enfant entendra une condamnation à perpétuité car un diagnostic psychiatrique sera certainement posé.

3.

Et un tel diagnostic suit une personne toute sa vie.  Je ne connais pas de cas où un patient est venu en psychiatrie sans diagnostic et l'a laissé sans diagnostic de la soi-disant «maladie mentale» et, dans le cas des enfants, du trouble du développement mental.

4.

Et bien sûr, ce trouble est sûr maintenant!  Des millions de ces enfants passent par la période de la scolarité obligatoire et subissent une torture mentale incroyable.

Dans un premier temps, il leur est interdit de développer librement un réflexe de jeu sain, puis ils sont soumis au harcèlement "éducatif" ou au harcèlement par les pairs lorsque les éducateurs et les psychologues les qualifient de handicapés psychologiquement ou de moins intelligents, et finalement ils vont assez souvent à l'enfer de  les hôpitaux psychiatriques pour enfants.

5.

La plupart de ces enfants resteront indéfiniment en psychiatrie.  Ils ne passeront à la psychiatrie pour adultes qu'après 18 ans.

La plupart d'entre eux n'obtiendront jamais de profession ou n'auront jamais de famille.

La plupart d'entre eux vivront d'une pension sociale.

Certains, en particulier ceux qui sont privés de relations familiales proches, parce que ceux-ci vont rompre tôt ou tard, se tourneront vers le monde souterrain de la pathologie sociale.

Ce sont les fruits du système éducatif public dans le monde.

II

1.

Mais ce n'est pas tout.  Même les enfants se sont adaptés à ce système parce qu'ils ont fait taire leur pulsion de jeu, car ils ont réalisé que pour survivre dans cette relation inégale avec les adultes, ils doivent apprendre à faire semblant et à mentir.  Autant ne pas irriter les adultes - les enseignants, les éducateurs, les parents.  Ne pas provoquer leur agression

...

2.

 Cela ne nous rappelle-t-il pas quelque chose?


3.

 Oui, beaucoup de lecteurs attentifs de cet ouvrage auraient pu remarquer que de tels mots, des mots sur des jeunes gens adaptant leur comportement aux rigueurs des adultes sérieux, que de tels mots concernaient les individus animaux.


4.

Oui oui.  J'ai déjà écrit que l'espèce humaine est différente de l'espèce animale en ce que la première a obtenu son avantage sur tout le royaume des animaux en développant la culture d'une pièce de théâtre, la culture qui a duré librement pendant les premiers millions d'années de la vie humaine sur  Terre.  Et que c'est grâce à cette culture que l'espèce humaine a pu entrer dans la dimension symbolique de l'existence et créer sa civilisation de pensées et de concepts symboliques, incroyable au regard de l'Univers.  C'est ce que j'ai écrit il y a quelques pages.  Avais-je tort?


5.

  Je souhaite que ce soit une erreur.  Mais ce n'est pas comme ça.  Et le lecteur est probablement déjà en train de deviner ce qui est arrivé à l'humanité au cours des derniers millénaires de son histoire.  Que s'est-il passé pour que l'espèce humaine n'ait pas suivi le chemin qui a assuré ce succès cosmique phénoménal sous forme de réalité symbolique?

III

1.

Ce sera une conclusion si terrible pour beaucoup de gens qu'ils pourraient payer avec une crise nerveuse pour cela.  Cette doctrine de la psychologie n'est cependant pas créée pour réconforter les cœurs, mais c'est une tentative d'étudier et de décrire de manière impartiale la psyché humaine, donc toutes les conclusions doivent être tirées.

2.

Eh bien, ce n'est pas vraiment de l'anxiété.  Eh bien, ce n'est pas vraiment un cerveau très développé.  Eh bien, ce ne sont même pas des ondes cérébrales délibérées.  Tout cela ne suffirait pas à créer une dimension symbolique unique à l'échelle de l'Univers.  Une dimension à laquelle seuls les humains peuvent accéder.  Personne d'autre.

3.

Pour que cette dimension surgisse, en dehors de l'anxiété, en dehors d'un cerveau très développé, et en dehors des ondes cérébrales déterminées, comme une cerise sur un gâteau, une bagatelle insignifiante - mais absolument nécessaire, l'homme devait devenir une espèce  avec une stratégie de fonctionnement ludique! Parce que seule une telle stratégie permettait à l'homme non seulement de développer le discours, mais ce qui doit sonner d'une manière particulièrement forte dans la Doctrine de la Psychologie, une stratégie aussi ludique est une merveilleuse stratégie anti-anxiété !!!


4.

C'est la chose la plus importante dans la stratégie amusante!  Qu'il s'est avéré être le plus efficace parmi tous ceux que l'homme primitif a testés, le plus efficace contre l'énergie du pôle d'anxiété qui harcelait l'homme, mais aussi le plus bénéfique pour stabiliser le pôle émotionnel de la psyché!

5.

Ainsi, déjà les singes préhumains ont fait cette découverte phénoménale qu'ils doivent jouer beaucoup plus que leurs cousins animaux.  Ces derniers, ces êtres psychologiquement unipolaires ne jouent que lorsque le pôle émotionnel irradie une énergie positive, une joie et une satisfaction.  Quand cette énergie positive fait défaut, il n'y a pas de plaisir.

IV

1.

Les singes préhumains bipolaires ne peuvent s'arrêter de jouer uniquement parce qu'ils ont perdu la joie et la satisfaction qui les auraient motivés. Pourquoi?  Parce que les singes préhumains sont constamment, en dehors du temps de sommeil, stimulés par l'énergie négative du pôle anxiété!  Et ces singes ont remarqué très vite, déjà dans leur petite enfance, que rien ne distrait l'attention de l'anxiété comme le plaisir!  Par conséquent, ils n'auront jamais assez de plaisir.  C'est leur puissant tranquillisant.

2.

Il y a toujours eu une dispute entre les philosophes sur ce qui a conduit et conduit le progrès humain.  La recherche de progrès personnel ou plutôt la fuite de la douleur?

3.

Le lecteur devinera probablement à lequel des philosophes j'appartiens quand il s'agira de mon point de vue sur cette question.  Eh bien, en tant qu'évolutionniste, j'essaie de regarder le monde, y compris l'homme, à travers les yeux de la Nature.  Et cette observation est ma seule source de connaissances.

4.

L'homme est un élément inhérent à la Nature, au règne animal.  Et dans ce royaume, aucun animal, aucun homme ne fait quoi que ce soit qu'il n'ait pas à faire.

Pourtant la question de la nécessité? Oui, la nécessité est le moteur de tous les changements.  Bon nombre de ces changements sont des changements pour le mieux.  C'est ainsi qu'un progrès et un développement se font.

5.

Les primates humains n'ont pas cherché d'opportunités de développement. Comme tous les singes, comme tous les animaux, ils ne recherchaient que la survie.  Et s'efforçant d'augmenter les chances de survie, ils ont répété ces activités qui augmentaient les chances de survie.

V

1.

L'anxiété n'était pas à l'origine une mutation bénéfique pour augmenter les chances de survie.  Totalement opposé !!! La peur en tant qu'anxiété a considérablement réduit les chances de survie de ceux qui en étaient affectés.

2.

Peut-être, nous ne le saurons jamais, la Terre a été témoin d'une période où ces singes préhumains étaient en danger de disparaître.  L'anxiété aurait presque pu les anéantir.

Qui sait, si notre vie, l'histoire de la merveilleuse civilisation humaine, notre fierté d'être les rois de la Création, notre fierté qui nous place quasiment sur un piédestal divin, nous n'en devons pas à une, encore poilue, utilisant encore les mains pour marcher  mais déjà un singe bipolaire qui, dans ce dernier troupeau de primates humains effrayés et affamés cachés aux prédateurs sur le plus haut rocher, bougeait soudainement sa queue avec coquetterie, accrochant sa triste voisine avec elle et commençant à s'amuser ensemble?

3.

  Voyant cette joie, d'autres l'ont suivie.  Et dans un état de folie du condamné, le troupeau a commencé à jouer, à croasser et à sauter.  Pour le bonheur.  Personne n'avait peur.  Au contraire, tout le monde est devenu heureux et intrépide à la fois! La gaieté et le courage les ont aidés à descendre le rocher.  Et ce n'était même pas aussi grave qu'ils le craignaient.  Et, étonnamment, aucun prédateur ne se cachait.  Les singes ont rapidement trouvé de la nourriture et sont revenus sur le haut rocher pour s'y reposer et désormais s'amuser toujours et partout.


4.

Aucun animal n'oublie une stratégie de sauvetage.  Et que se passe-t-il lorsque le sentiment de danger, et c'est en fait ce qu'est l'anxiété, ne disparaît pas même un instant?  Il est évident que dans une telle situation, ils deviennent inséparables: un sentiment de danger et un moyen efficace de se calmer, en deux mots - anxiété et plaisir!

5.

C'est pourquoi l'espèce humaine est devenue comme aucune autre espèce celle d'une pièce de théâtre.  Parce qu'il n'y avait pas d'autre moyen plus efficace de gérer l'anxiété.  Au moins au début!  Le plaisir est devenu un réflexe!

VI

1.

Si c'est le cas, le fondement de la civilisation humaine est l'anxiété et le plaisir!

Mais ce n'est pas l'angoisse qui a contribué à l'explosion de notre espèce, c'est le plaisir!

2.

Tout d'abord, le plaisir et le jeu ont rapproché des individus, y compris des mâles et des femelles, si près les uns des autres que, comme dans aucune autre espèce animale, l'œstrus et les périodes d'accouplement ont échoué.

Pourquoi s'accoupler une fois par an alors que ces singes préhumains s'amusaient et s'amusaient tous les jours? Cela peut sembler drastique ou peut-être drôle, mais cet aspect de la saison des amours constante aurait pu contribuer à l'incroyable explosion démographique.  Si nous pouvons le dire des singes préhumains.

3.

Je crois que pendant des millions d'années, l'axe du développement humain, à la fois individuellement et sociologiquement, était une pièce de théâtre.

4.

S'amuser a aidé à communiquer, à se reproduire et à acquérir de nouvelles compétences. En effet, cela aurait pu faciliter l'organisation des premiers groupes tribaux, puis des systèmes sociologiques plus vastes de mieux en mieux coordonnés.  Il est plus facile pour les individus de «s'entendre» lorsqu'ils s'amusent ensemble, et donc heureux et positifs l'un envers l'autre, par rapport aux individus isolés.

5.

Certaines personnes prétendant être les reconstitueurs de cette période préhistorique de la civilisation humaine tentent d'imposer une image complètement différente de l'évolution de la psyché humaine.  À savoir, que dans la préhistoire de notre espèce, il y avait encore plus de cruauté parmi ces créatures préhumaines que dans le monde sauvage environnant des animaux prédateurs.

# VII

1.

   Mon archéologie psychologique ne le confirme pas.  L'instinct de jeu depuis la naissance même est un témoin de ces temps anciens et un témoignage du fait que l'espèce humaine dès son aube, au stade des singes préhumains déjà, paradoxalement, pour survivre, devait être une  et genre amusant à tout prix.


2.

   C'était comme ça pendant longtemps.  En termes évolutifs presque jusqu'au temps présent.  Ce n'est que récemment, il y a quelques dizaines de milliers d'années, notre espèce a soudainement quitté le chemin de la stratégie de jeu suivie par l'homme pendant toute l'histoire de l'évolution.  Quelle en était la raison?

3.

Quelle peut être la raison de quitter la voie qui nous a donné un succès aussi phénoménal dans le monde de la Nature?

La réponse surprendra certaines personnes tandis que d'autres y trouveront une explication logique de la condition humaine actuelle.

4.

Eh bien, il y a plusieurs dizaines de milliers d'années, l'homme a laissé le chemin le meilleur et le plus approprié d'une stratégie de jeu car il avait déjà atteint alors le niveau de développement dans lequel il se sentait assez fort pour se donner un statut plus élevé que celui d'un être joyeux s'amusant de si loin.  Un quotidien simple et un plaisir ne lui suffisaient plus.


5.

Il est difficile d'être absolument sûr de ce qui aurait pu provoquer un changement aussi radical dans la compréhension de soi.  Il semble cependant qu'un rôle capital, peut-être même déterminant dans l'émergence de cette direction désastreuse à long terme, aurait pu être joué par ... l'école!

VIII

1.

Oui oui.  C'est là, à l'école, que l'homme a commencé à saper négligemment les racines de l'humanité.  L'école a mis fin au jeu libre de l'enfance et de l'adolescence.  Et nous savons déjà avec certitude que ce n'est que grâce au jeu et au réflexe du jeu, contrairement à l'angoisse, que la psyché humaine pourrait se développer si bien.


2.

L'apparition de l'institution scolaire il y a plusieurs dizaines de milliers d'années, évidemment pas sous la forme connue aujourd'hui, mais promouvant néanmoins le même principe qu'aujourd'hui, le principe du blocage de la liberté ludique d'un enfant, cette institution phare de la civilisation humaine commence l'ère de la crise mentale de l'humanité.

L'épidémie de troubles mentaux à laquelle nous sommes confrontés aujourd'hui est la conséquence de cet événement.

3.

Depuis des dizaines de milliers d'années, l'humanité a non seulement stagné dans l'évolution de la psyché, mais il devient de plus en plus perceptible que notre état mental décline progressivement.

4.

La faiblesse mentale de l'homme moderne, et je ne parle pas seulement de l'homme du XXe et XXIe siècle ou seulement de l'homme de l'ère moderne, mais en général je veux dire l'homme historique, l'homme depuis l'origine même de la civilisation humaine,  sa faiblesse psychologique, faiblesse de plus en plus profonde, est la source de la tragédie de toute l'histoire de cette civilisation.

5.

Cette histoire ne pouvait être que tragique, puisque le fondement de la civilisation était le déni de la nature la plus humaine de l'homme qui est le réflexe de jeu anti-anxiété.

Du coup, le plaisir est devenu un luxe réservé à quelques-uns.  L'accès à celui-ci est devenu la mesure du succès de la vie bien avant l'apparition de l'argent.

IX

1.

   La question est de savoir pourquoi la civilisation humaine historique a depuis le début essayé de rendre le jeu et le jeu si difficiles d'accès.  Pourquoi le faire à partir de quelque chose d'aussi facilement accessible pendant des millions d'années de l'histoire pré-civilisationnelle.

2.

   J'écris la «civilisation humaine» en termes généraux et après tout à travers tous ces milliers d'années de son histoire, ce n'est personne d'autre que des personnes spécifiques qui ont eu un impact sur ce qu'était cette civilisation.

La civilisation en tant que concept n'entre dans l'arène de l'histoire que lorsque les premiers personnages historiques émergent de la foule sans nom de personnages préhistoriques.  Tant que les gens étaient sans nom, égaux les uns aux autres, il n'y avait pas encore de civilisation.

3.

Ainsi, la civilisation est une forme d'appropriation de l'histoire.  Et cette appropriation ne pouvait être faite que par quelqu'un qui s'était auparavant approprié la terre, les richesses de la terre et même d'autres personnes!

4.

Et nous arrivons ici à la réponse à la question de savoir pourquoi la longue ère de l'homme qui aime s'amuser a pris fin et de l'homme de civilisation, l'homme civilisé est venu ...

5.

À savoir, le facteur psychique de la poursuite du pouvoir (facteur III) a finalement dépassé le facteur de convivialité, d'être ensemble et de s'amuser (facteur II).  Ce sont des facteurs animaux, comme je l'ai déjà décrit dans d'autres ouvrages.  En même temps, pendant des millions d'années, il a été un facteur de convivialité et de jeu plutôt que le facteur de conscience (facteur V) ou un rôle social (facteur VI) ce qui nous a automatiquement protégés de l'angoisse.

X

1.

Mais une chose extrêmement triste s'est produite il y a des dizaines de milliers d'années.  Étant déjà magnifiquement équipés d'une conscience parfaitement développée, nous n'avons pas choisi ce qui est bon dans la nature animale, c'est-à-dire nous efforcer d'être avec les autres à travers le plaisir et le jeu, mais nous avons choisi ce qui est sombre dans la nature animale, c'est-à-dire lutter pour le pouvoir.  .

2.

Après des millions d'années à l'apogée de la psyché humaine, après avoir vécu presque à l'abri de l'angoisse, puisant dans le jeu animalier, les premiers propriétaires de l'histoire ont choisi une voie différente pour nous.  La voie de la haine, de l'agression, des luttes de pouvoir, des luttes pour la gloire et la gloire immortelle des vainqueurs.


3.

Pour ces quelques idées paranoïaques, toute l'humanité a payé et continue de payer déjà plusieurs dizaines de milliers d'années le prix de la perte graduelle de ce qui était le meilleur en nous, le bien que nous avions hérité de la préhistoire.  À savoir, la bonté et l'amour.  Parce que la bonté et l'amour, pas les conquêtes, ni les guerres, ni le commerce, ni la haine, ni le pouvoir signifient l'humanité.

4.

Eh bien, mais il reste malgré tant de milliers d'années qui se sont écoulées un vague souvenir de l'âge d'or de l'humanité, un souvenir qui fait écho dans la mythologie antique de tous les peuples du monde.  L'ère préhistorique où tous les gens étaient frères, où tout le monde était heureux et jouait tous les jours, et il n'y avait pas de propriété, et tout le monde s'entraidait pour être plus heureux et s'amuser ensemble.

5.

Des échos de ce mythe scintillent encore sur les banderoles et dans les clichés essayant de convaincre le dernier naïf que l'homme moderne est un être plus noble et plus précieux que les animaux.  Mais la vérité sur l'homme de la civilisation humaine est différente.

Et pourtant, l'âge d'or de l'humanité n'est pas un mythe!  Et pourtant, il est vrai que cela a duré des centaines de milliers, voire des millions d'années!  Nous venons de le prouver.

***

***

***

# Définition

La Psyché est un processus d'échange symbolique actuel entre le sujet de la psyché et son environnement actuel (définition subjective).

La Psyché est un processus d'échange symbolique courant entre deux sujets de la psyché (définition objective).

***

***

***

Rappelles toi!

Exordium

je

1.

En regardant la vie des animaux sauvages, je suis toujours étonné par leur pouvoir de survie.  Que ce soit dans les gelées sibériennes ou sous les tropiques, sans parler des zones tempérées, tous les animaux sont si parfaitement harmonisés avec la nature qu'ils ne tombent presque jamais malades tout au long de leur vie. Ils ne tombent malades qu'à un âge avancé, et c'est ce qu'est la vieillesse chez les animaux.

2.

Pendant ce temps, l'homme comme seule espèce parmi les mammifères est une espèce extrêmement délicate en termes de santé et souffre donc de toute maladie

et constamment tout au long de la vie.
Pourquoi?  Pourquoi?  À quoi ça sert?

3.

Il semble que nous devions chercher la réponse à cette question aux origines mêmes de l'espèce humaine.  Je les ai déjà décrits assez longuement dans mes travaux jusqu'à présent dans le contexte de l'évolution de la psyché de l'homme.  Et il s'avère que la tendance de l'homme à tomber malade est étroitement liée de manière inattendue à la question de la psyché humaine!

4.

J'ai prouvé à maintes reprises dans mon travail la thèse selon laquelle la Nature reconnaissait la mutation anxieuse comme extrêmement dangereuse pour les animaux et donc les singes préhumains.

De plus, il est prouvé que la Nature considérait la mutation anxieuse comme définitivement catastrophique.  La raison principale n'était pas la destruction de la psyché.  De manière inattendue, l'anxiété s'est avérée plus dangereuse pour le corps que pour le psychisme!  Pour faire court, la destruction de l'organisme par l'anxiété est précisément la somatose.

Puisque la matière remonte à la psychose primaire, nous utiliserons donc désormais le terme de somatose primaire.

5.

Alors, quel est exactement le phénomène de la somatose primaire?

II

1.

Eh bien, l'anxiété, étant au sens physique une émission continue d'ondes cérébrales électromagnétiques spontanées, par stimulation continue du système nerveux central et autonome affecte tout le corps par la libération des neurotransmetteurs et des substances endocriniennes dans le sang.


2.

Une telle stimulation constante (sauf pour le sommeil) est forcément extrêmement coûteuse en énergie et c'est ce que la Nature n'aime pas à long terme. L'énergie n'a pas de prix pour la Nature et c'est pourquoi le processus d'évolution signifie aussi lutter pour un libre accès aux sources d'énergie et limiter sa perte.


3.

De plus, une telle stimulation anxieuse insensée constante de tout l'organisme perturbe le cours des processus physiologiques de tous les organes et systèmes de l'organisme, en particulier le système immunitaire.

4.

Par conséquent, la Nature n'a pas eu à activer de mécanisme supplémentaire pour éliminer les individus porteurs de la mutation d'anxiété.  Ils se sont éliminés par une morbidité accrue, par la somatose primaire.

5.

En d'autres termes, la somatose primaire est un processus continu, déclenché par l'anxiété, processus de perturbation des fonctions physiologiques du corps conduisant à une diminution de l'immunité de l'organisme et par conséquent à une maladie.

III

1.

Contrairement aux thèses absurdes de certains milieux psychologiques, la maladie n'a jamais été et ne sera jamais un «moyen d'expression et de communication».  Au sens psychique, la maladie est un phénomène complètement insensé et lui donner une quelconque signification psychologique est l'expression d'une écriture totale de conte de fées, si facilement pratiquée dans le domaine non scientifique de la soi-disant psychologie jusqu'à présent.

2.

Les maladies organiques humaines sont la première conséquence de l'angoisse.  Ils sont la conséquence physique de l'anxiété et, dès le début, ils étaient censés éliminer les individus anxieux de la race de l'évolution et de l'histoire future de la vie sur Terre.

Et il y avait des conditions pour que ces individus disparaissent réellement à cause du fléau de maladies qui les a frappés.

Le mécanisme de la somatose primaire est un piège sans issue: l'anxiété perturbe les processus physiologiques de tout l'organisme et par conséquent son immunité diminue.

3.

C'est pourquoi tous les autres animaux ne souffrent presque jamais de maladies, vivant dans des conditions climatiques et météorologiques extrêmes, souvent froids, affamés, surchauffés, etc. ... Les processus physiologiques de leur corps ne sont pas perturbés!  C'est pourquoi ni la pluie, ni le froid, ni la faim ne sont dangereux pour eux!

4.

Et l'homme est si délicat, si fragile. Quelques minutes sous la pluie et l'homme est malade.  Quelqu'un éternue à proximité et l'homme est malade ...

5.

En passant, démystifions le mythe d'un mode de vie sain si populaire chez les gens modernes comme moyen de sauver leur santé.  En effet, éviter toutes les menaces pour la santé humaine, telles que les menaces biologiques, chimiques et physiques, aurait du sens et serait efficace, sinon pour le fait que l'homme possède un mécanisme de somatose primaire ancré dans les gènes.

IV

1.

Le fait que nous soyons vivants n'est pas le résultat d'un mode de vie sain car cela n'a aucune importance pour la somatose.

Si tel est le cas, pourquoi vivons-nous, voués à disparaître dès le début de notre race?

Il n'y a qu'une seule explication.  Il y a … un miracle derrière ça!

Quel miracle?

Le miracle de la psychose primaire.

2.

 La psychose primaire est une idée pour
une telle aberration de la psyché anxieuse
afin que cette psyché puisse sortir de la
surcharge anxieuse, avant que l'évolution
ne développe une conscience si forte que
la conscience a pu surmonter l'anxiété.
Mais avant la psychose primaire, le
phénomène de la somatose est apparu au
cours de l'évolution comme la première
conséquence de l'angoisse.


3.

 Pendant ce temps, la somatose est la
même aberration dans le fonctionnement
du corps humain que la psychose dans le
cas de la psyché humaine!  Dans les deux

cas, nous avons affaire à la dé-réalisation du sens fonctionnel du processus.

4.

Et ainsi, dans le cas de la psychose primaire, le processus psychologique devient si irréel, c'est-à-dire détaché de la réalité que la psyché passe à un niveau de fonctionnement supérieur au réel, à un niveau symbolique.  A ce niveau l'angoisse est privée de la nocivité catastrophique de sa dimension physique et dans la dimension symbolique l'angoisse devient un facteur qui inspire une vie symbolique créatrice.

5.

Et la somatose?  Ici, le processus physiologique réel est remplacé par un processus irréel, non physiologique, c'est-à-dire un processus défini par la médecine comme un processus pathologique.  On peut donc voir à juste titre une analogie entre le processus irréel appelé processus pathologique des fonctions corporelles et le processus irréel appelé psychose des fonctions psychiques.

 Alors que la psychose s'avère être une réalisation extrêmement précieuse pour l'espèce humaine, car elle ouvre une nouvelle dimension d'existence - la dimension symbolique;  la question de savoir si la somatose a également un sens est extrêmement risquée.

 Disons-le clairement.  Toutes les maladies humaines ne sont que des somatoses!

Et un processus de maladie de chaque maladie n'est rien d'autre qu'une fonction détachée de la réalité physiologique d'un organe donné du corps.  Et même dans le cas d'une maladie exogène, l'influence d'un facteur externe se limite à induire la déréalisation du processus physiologique et donc au même dont il s'agit dans une maladie endogène.  Donc, l'analogie entre la psyché et la somatique est parfaite!

# Abréviations

Bloqueur d'anxiété AB

AEA anxiété-vigilance émotionnelle

AEI Anxiété-Intelligence émotionnelle

Polysymbolicité cyclique CP

Syndrome d'enfance CS

EP Psychose épisodique

Estime de soi externe à l'ESE

Échange symbolique externe ESEx

Polysymbolicité / schizophrénie génétique gP / S

Polysymbolicité / schizophrénie induite par l'IP / S

Estime de soi interne ISE

Échange symbolique interne ISEx

Intelligence logique LI

Psychose primaire négative des NPP (dépression)

Psyché symbolique parallèle PSPM Moi

Programme PRNL de retour à la vie normale

Échange symbolique parallèle PSEx

SBM Symbolic Brain Me

Estime de soi SE

Échange symbolique SEx

Polysymbolicité simultanée SP

Psyché symbolique SPM moi

Psyché symbolique du sommeil SSPM Moi

T1h Type 1 de l'Humanité (sans auto-distance à la psychose primaire)

T2h Type 2 de l'Humanité (avec auto-distance à la psychose primaire)

T3h Type 3 de l'Humanité (type intermédiaire entre T1h et T2h)